Gundi Bittermann

Brauchtum in Österreich

Eine Bilderreise zu den schönsten Veranstaltungen des Jahres

Servus

Inhalt

Vorwort

Kennen Sie den mit dem „Ujui, ujuiiuii!“? Oder den, bei dem nachts die Funken tanzen? Waren Sie schon einmal dabei, wenn ein Widder mit Föhnfrisur zur Kirche geht? Unterwegs mit grunzenden Teufeln, schrägen Vögeln oder 600 blökenden Schafen? Ja? Nein? Egal, wir bringen Sie hin.

Lassen Sie sich auf eine Reise in Bildern entführen – zu den schönsten Bräuchen in Österreich. Wir beginnen beim mystischen Glöcklerlauf im oberösterreichischen Ebensee, navigieren weiter gen Kärnten und besteigen dort ein Floß auf der Drau, ehe wir mitten im Salzburgischen landen, wo wir Zeuge werden, wie g'standene Männer aufs Christkind schießen. Alles ein uralter Hut? Ja, genau!

Was Sie in diesem Buch sehen, sind Traditionen aus längst vergangenen Zeiten, tief in den Regionen verwurzelt, mit neuem Leben erfüllt. Es sind Bräuche, die von Generation zu Generation weitergegeben wurden, manche laut, andere ganz leise, andächtige, wilde, welche zum Fürchten und solche zum Schmunzeln.

Sie finden hier aber auch Veranstaltungen, die nicht ganz so alt sind, die mit Liebe und Leidenschaft erst kürzlich ins Leben gerufen oder nach längerer Auszeit wieder belebt wurden.

Kommen Sie, schauen Sie, staunen Sie! Natürlich: Die österreichische Volkskultur hat – das ist uns bewusst – noch mehr bunte Momente zu bieten, als wir Ihnen hier zeigen können. Wir wünschen Ihnen gute Unterhaltung auf dieser Bilderreise durch Österreichs Brauchtum.

Das Jahr beginnt: mit Glück & Zauberei

Während die Natur im Winterschlaf liegt, bemühen die Menschen Orakel und Glückssymbole und begegnen einander mit Segenswünschen und Geschenken. Schließlich soll das Jahr einen guten Anfang nehmen. Und mit viel Lärm und Licht vertreiben wir die Geister der dunklen Jahreszeit.

GLÖCKLERLAUF

EBENSEE, OBERÖSTERREICH

Der mystische Tanz mit den leuchtenden Kappen taucht als Heischebrauch erstmals um 1850 in alten Schriften auf. In der letzten Raunacht am 5. Jänner ziehen zu Passen formierte Männergruppen (und seit 2010 eine „Weiber-Passe") zum Klang hunderter Glocken von Haus zu Haus, um mit lautem Pumpern an die Tür wohlschmeckende Gaben und Spenden zu erheischen. Wer Gutes gibt, wird mit altem Liedgut belohnt. Bis heute werden die Kappen aus Papier gefertigt und mit Kerzen beleuchtet. Bis zu fünfzehn Kilo wiegen die schönen Stücke, die vier Stunden lang am Kopf durch den Ort getragen werden.

Weitere empfehlenswerte Glöcklerläufe:
Bad Ischl, Bad Goisern, Hallstatt.

Sitzt, passt und hat Luft. Jede Passe hat ihre eigenen Kappenformen.

Die Kappen haben sich in den Jahren von Schachtel- auf Kleinwagengröße verändert, die ehedem einfachen Kuhglocken sind heute feinstes Schmiedewerk.

An einer Kappe arbeiten an die zehn Personen zirka acht Wochen lang. Für jeden Arbeitsschritt gibt's Spezialisten. Zuerst wird das Muster erdacht und auf schwarzen Karton übertragen. Dann wird vorsichtig geschnitten und gestanzt.

Rechts:
Der Fransenschmuck umrahmt die einzelnen Musterteile.

So sieht eine klassische Glöcklerkappe der Rindbacher Passe in voller Beleuchtung aus.

Links: Die Kerzen werden entzündet, gleich geht's los.

STERNSINGEN

HEILIGENBLUT, KÄRNTEN

Seit dem 16. Jahrhundert, als Weihnachten nach dem damals noch gültigen julianischen Kalender auf den Dreikönigstag fiel, ziehen in der Nacht zum 6. Jänner 99 Musikanten und Sänger mit leuchtenden Sternen und Laternen durch den Ort am Fuße des Großglockners. Sie musizieren und singen und verbreiten Glück- und Segenswünsche. In neun Rotten, an deren Spitze der Sternträger geht, wandern g'standene Männer aus der ganzen Region in Lodenpelerinen und mit schwarzen Filzhüten durch die oft tief verschneite Winterlandschaft – stimmungsvolle Bilder, barocke Klänge und erhebende Gesänge, die in ihrer Art und ihrem Zauber einzigartig in Österreich sind.

Ebenfalls empfehlenswert: Metnitzer Kinisingen
(alle zwei Jahre, nächster Termin 2019),
Gmunden (hier kommen die Heiligen Drei Könige
mit dem Schiff an).

Die Musikanten der
Winkler Sternsingerrotte
mit einem Baritonhorn.

Kurz bevor sie losziehen, finden sich die Sternsinger zur Aussegnungsmesse in der Pfarrkirche von Heiligenblut ein.

Sehnsüchtig erwartet: die Sternsinger beim Besuch eines alten Bauernhauses. Die kunstvoll gestalteten Laternen werden derweil im Schnee abgestellt.

Kein Schnee ist zu tief,
kein Weg zu eisig: Selbst
die ältesten Heiligenbluter
können sich nicht erinnern,
dass das Sternsingen
einmal ausgefallen wäre.

TRESTERERLAUF

STUHLFELDEN, SALZBURG

„An Friedn, an Gsund und an Reim!" Wenn die Stuhlfeldner Tresterer in der Raunacht auf den 6. Jänner mit diesem Spruch die Bauernhöfe beehren, darf sich jeder seinen Reim drauf schmieden. Denn der alte Pinzgauer Ausdruck steht schlicht und einfach für Glück. Als Erster der illustren Runde kommt der Hanswurst, danach die Schiachperchten, und sind die gezähmt, haben die Schönen, die Tresterer, ihren Auftritt. Vermutlich entstand das Trestern, genauso wie etwa der Glöcklerlauf im Salzkammergut, einst als Heischebrauch – also als Umzug von Haus zu Haus, bei dem Arme und Kranke um milde Essensgaben bitten durften. Das schließen Heimatforscher unter anderem aus der Maskerade der Schönperchten, die einen prachtvollen Bänderhut tragen, der ihr Gesicht dermaßen verhüllt, dass man sie nicht erkennen kann. Hier in Stuhlfelden, wo das Trestern nach einer jahrhundertealten Überlieferung wieder gepflegt wird, hat man darüber hinaus noch zwei verschiedene Versionen über seine Bedeutung: Zum einen soll das rhythmische Stampfen, das „Trestern", das Hereinholen des Getreides simulieren, wodurch Böden und Äcker aus ihrem Winterschlaf geweckt werden sollen. Zum anderen vermutet man einen keltischen Ursprung beim alpinen Schaubrauch. Die Schiachen sollen durch Nachahmung der bösen Geister und mit viel Lärm die Mächte der Finsternis vertreiben. Auch mithilfe der Kraft und des Segens der Schönen, der lichten Geister, die auf ihren Hüten Spiegel montiert haben. Erblickt sich ein Schiacher darin, erschrickt er und verschwindet.

Ebenfalls empfehlenswert:
Trestererläufe in Unken und Zell am See.

Sind die Schiachperchten einmal gezähmt, haben die Schönen, die Tresterer, ihren Tanzauftritt.

Der prachtvolle rote Goldbrokat wurde einst über alte Transportwege, die sogenannten Säumerpfade, aus Italien in den Pinzgau gebracht. Zum Kostüm der Tresterer gehören noch ein federkielbestickter Ranzen, weiße Strickstutzen, die von kreuzweise gebundenen Bändern gehalten werden, und mit Stoff überzogene Schuhe. Auf dem Kopf schmückt sie ein Gainzl, ein Brokathut mit goldener Verzierung und Spiegeln, die die Schiachperchten abschrecken sollen. Lange Seidenbänder verhüllen die Gesichter, weiße Hahnenfedern symbolisieren Stärke.

In der Nacht vor dem Dreikönigstag besuchen die Tresterer traditionellerweise sieben Bauernhöfe in der Umgebung. Während die Schiachen in den Stuben den Auftakt machen, sammeln sich die Schönen vorm Haus. Schneetreiben ist ihnen egal, nur Regen wäre schlecht für die wertvollen Hahnenfedern. Mit dem Auftritt des Hanswursts (oben), der einem venezianischen Harlekin ähnelt, beginnt der mystische Tanz ums Glück.

Am Dreikönigstag kehrt die Hex mit einem Besen das Schlechte vom Vorjahr weg.

Die Schiachperchten ahmen die bösen Geister nach, die durch sie vertrieben werden sollen. Wer von ihrem Rossschweif berührt wird, hat besonderes Glück.

Die Narren kommen!

Im Februar ist Fasching, so viel steht fest. Und ehe die Fastenzeit mit Katzenjammer und Kasteiung beginnt, bringen bunte Umzüge ganze Ortschaften durcheinander. Man verkleidet sich, feiert und tanzt, als gäbe es kein Morgen.

DAMISCHER MONTAG

KRAKAUTAL, STEIERMARK

Das Faschingsrennen im Krakautal gehört zu den ältesten Fastnachtsbräuchen in der Steiermark. Mit Schellen, Glocken und Spitzhüten wird hier am Rosenmontag traditionell der Winter ausgetrieben. In stockdunkler Nacht, exakt um 3.30 Uhr, beginnt das wilde Treiben. Lautes Geschrei, Gejauchze und ohrenbetäubende Schellenklänge durchbrechen die Finsternis. „Ujui, ujuiiuii!" tönt es durchs ganze Tal – das Krakauer Faschingsrennen nimmt seinen Anfang. Rund sechzig Faschingsnarren kommen in historischen Kostümen zusammen, um von Hof zu Hof zu ziehen und milde Gaben zu erbitten.

Wissenswert: Das Faschingsrennen, das auf eine Legende aus dem 17. Jahrhundert zurückgeht, wird in den geraden Kalenderjahren in Krakauschatten durchgeführt. In den ungeraden Jahren findet es in den Gemeinden Krakaudorf und Krakauebene statt.

Eine bunte Truppe von sechzig Faschingsnarren in historischen Kostümen zieht von Hof zu Hof, um milde Gaben zu erbitten. Die Schellfaschinge tragen Spitzhüte und lange Holzstecken mit bunten Bändern.

Schon in stockdunkler Nacht,
exakt um 3.30 Uhr,
startet das wilde Treiben.

Die Schellfaschinge tragen mit ihren schweren, selbst gemachten und mit Schellen besetzten Ledergürteln genauso zum lauten Getöse bei wie die Glockfaschinge mit ihren Kuhglocken.

Der Wegauskehrer muss die von den Bauern errichteten Hindernisse vor den Höfen ordnungsgemäß und schweißtreibend überwinden.

Immer das gleiche Ritual: Vor jedem der 130 Bauernhöfe bilden die bunten Schell- faschinge in ihren kurzen Lederhosen ein Spalier, durch das die wilde Horde kommt.

Der Rosshändler versucht jedem Bauern sein „Ross" (unter dessen Fell sich in Wahrheit zwei Burschen verbergen) zu verkaufen. Der Schinder will das traditionsgemäß tot zusammenbrechende Pferd sogleich zu Fleisch und Wurst verarbeiten.

Vom Funkeln und Fasten

Der erste Fastensonntag heißt in Westösterreich Alte Fasnacht. Er beendet die Faschingszeit und ist der Tag der Feuerbräuche. In Tirol und Vorarlberg werden Scheiterhaufen, sogenannte Funken, abgebrannt oder beim Scheibenschlagen mystische Feuerkreise in die dunkle Nacht gemalt.

FUNKENSONNTAG

GARGELLEN, VORARLBERG

Wenn die Nächte in Gargellen am dunkelsten sind, leuchten die Funkenfeuer am hellsten. Lichterloh brennt dann hier im Montafon die Funkenhexe am Abend des ersten Fastensonntags, der die 40-tägige Fastenzeit bis Ostern einleitet. Bis zu 30 Meter hohe „Funka" aus Fichtenholzscheiten und ausgedienten Weihnachtsbäumen werden errichtet und anschließend verbrannt. Auch schlechte Gewohnheiten, unliebsame Erinnerungen und selbst Krankheiten sollen sich in den Flammen in nichts auflösen.

Ebenfalls empfehlenswert: die Funkenfeuer
in St. Gallenkirch, Gaschurn und Partenen sowie
der Hexensonntag im Tiroler Pinswang.

Mit Einbruch der Dunkelheit versammelt sich die Funkengemeinschaft; links im Bild der Kinderfunken. Der glühende Kreis dahinter entsteht durch das Schwingen einer brennenden Fackel.

In der tief verschneiten Landschaft werden brennende Fackeln an langen Seilen im Kreis geschwungen. Das Ergebnis ist – besonders durch die Linse einer Kamera betrachtet – wirklich eindrucksvoll.

Für die Fackeln müssen die Holzstäbe so in einen Metallring eingeschlagen werden, dass sich später beim Schwingen nichts löst. Der Stamm der mächtigen Tanne dient als „Rückgrat" für den Funken. An der Spitze des Turms wartet die Funkenhexe auf das Feuer.

Ein nach allen Regeln der Kunst errichteter Funken, wie der hölzerne Turm hier im Montafon heißt, ragt bis zu 30 Meter hoch in den Himmel. Am Abend des ersten Fastensonntags wird er dann zu einer brennenden Riesenfackel.

Wenn alles klappt, explodiert die Funkenhexe spektakulär (ganz links oben). Bis dahin vertreibt sich die Funkengemeinschaft die Zeit mit Scheibenschlagen. Dazu werden hölzerne Erlenscheiben an langen Haselstöcken im Feuer zum Glühen gebracht. Richtig abgefeuert, ziehen sie dann eine Lichtspur hinunter ins Tal.

Die Zeit um Ostern

Seit Aschermittwoch war es still im kirchlichen Jahr, der Mensch fastete und hielt innere Einkehr. Der Palmsonntag, sechster und letzter Sonntag der Fastenzeit und der Sonntag vor Ostern, beendet diese Ruhe. Nicht umsonst heißt es an diesem Tag „Frisch heraus aus den Federn!", denn in fast allen Teilen Österreichs wird der Letzte, der in der Früh aufsteht, wenig schmeichelhaft zum Palmesel ernannt.

MYSTIK UND ANDACHT

MARIA SAAL, KÄRNTEN

Bereits am Freitag vor dem Palmsonntag werden im Kirchhof des Kärntner Wallfahrtsorts Maria Saal von Firmlingen und ihren Eltern kunstvolle Palmbuschen gebunden, die später auf dem Ostermarkt verkauft werden. Der Palmsonntag selbst beginnt mit der Palmweihe beim Seiserkreuz, einem Marterl an einer Wegkreuzung von Maria Saal. Am Karsamstag, Schlag sechs Uhr, ertönt statt der 6,6 Tonnen schweren „Maria Saalerin", der ältesten Kirchenglocke Österreichs aus dem Jahr 1687, eine riesige aus Holz gezimmerte Osterratsche. Sie wird im Südturm des Maria Saaler Doms mit einer Handkurbel betätigt und verkündet die bevorstehende Auferstehung des Herrn. Ab jetzt ist der ganze Ort auf den Beinen, von überallher strömen die Menschen zur Feuersegnung, um daheim nach alter Tradition das Herdfeuer für den Osterschinken zu entfachen. Den ganzen Tag über werden an 18 Plätzen in Maria Saal – auf Bauernhöfen, bei Wegkreuzen, Marterln, der Pestsäule oder in einer Privatkapelle – die Osterspeisen gesegnet. Und natürlich krachen ringsum die Böller. Ein beeindruckendes Spektakel sind die Osterfeuer und der Fackelzug auf den Feldern von Gösseling unweit der Burg Hochosterwitz. Hintereinander marschieren Männer kilometerweit über die Felder und schwingen Fackeln im Kreis, um böse Geister von den Feldern abzuhalten und um gute Ernten zu erbitten.

Ebenfalls empfehlenswert: In vielen Ortschaften im Salzburger Lungau werden vier bis sechs Meter hohe Holzgestelle mit Reisig und Holzabfällen gefüllt und in der Nacht des Karsamstags entzündet.

In der Morgendämmerung schwingen Burschen an einem Draht befestigte glosende Baumschwämme, um das geweihte Osterfeuer heimzubringen.

Oben: Geschmückte Körbe mit Osterspeisen wie Schinken, Selchwurst, gefärbten Eiern und Krenwurzel.
Rechts: Die riesige Osterratsche im Südturm des Maria Saaler Doms wird vor ihrem Einsatz überprüft.

Links: Der Maria Saaler Dom, eine der ältesten und prachtvollsten Kirchen des Landes, steht alljährlich im Zentrum der Osterfeierlichkeiten.

Christliche und heidnische Bräuche werden in Maria Saal in Eintracht zelebriert.
Oben: kleine Palmbuschen im geflochtenen Gebinde aus Weidenruten.
Links: getrocknete Baumschwämme, mit denen am Karsamstag das geweihte Osterfeuer heimgeholt wird.

Rechts: die Fackelschwinger von Gösseling mit ihren bis zu sieben Meter langen „Sprühkerzen".

Zur Osterjause gehört in ganz
Kärnten ein Reindling.

Maria Saaler Burschen bei der
ohrenbetäubenden Osterknallerei mit
25-Liter-Milchkannen.

WIDDERPROZESSION

VIRGENTAL, OSTTIROL

Jedes Jahr am ersten Samstag nach Ostern findet im Virgental ein Bittgang statt, bei dem ein schneeweißer Widder seinen großen Auftritt hat. Dieser Brauch, der seit 1635 gelebt wird, soll die Pest von dem beschaulichen Landstrich in Osttirol fernhalten. Die Prozession zieht vom Zuhause des Tiers – jedes Jahr muss ein anderer Bauer im Tal den Widder stellen – zur Wallfahrtskirche Maria Schnee in Obermauern, die ungefähr zwei Kilometer von Virgen entfernt inmitten der imposanten Bergkulisse thront. Nach alter Tradition wird der Widder, der prachtvoll in den Farben Rot, Grün und Weiß geschmückt ist, dreimal um den Altar geführt, ehe er in Ruhe mit seinem Bauern vor dem Gotteshaus das Ende der Messe abwarten darf. Danach wird er im Rahmen einer Tombola als Hauptpreis verlost.

Wissenswert: Der Losverkauf für die Tombola beginnt bereits drei Monate vor der Prozession. Rund 4.000 Stück zu jeweils 1,50 Euro kommen in Umlauf, der Erlös dient der Erhaltung von Maria Schnee.

Rechts: Durch die pittoreske Kulisse der uralten Bauernhäuser von Obermauern wird der Widder zur Wallfahrtskirche Maria Schnee geführt.

Etwa zwei Kilometer lang ist der Marsch von Virgen nach Obermauern. Die schafft der weiße Widder locker. Kommt er aus dem weiter entfernten Prägraten, wird er ein gutes Stück mit dem Traktor gefahren.

Das barocke Votivbild mit der Sage des weißen Widders hängt seit 1986 in der Kirche Maria Schnee. Davor schmückte es ein Bildstöckl, das sogenannte Pestketterle.

Ein Jahr lang, während er auf die Prozession vorbereitet wird, darf der Widder nicht geschoren werden, damit er mit möglichst prächtiger Mähne glänzen kann. Dieser hier darf sich sogar über ein Fell freuen, das für das Fest mit Wollwaschmittel schamponiert und trockengeföhnt wurde.

1,50 Euro kostet ein Los, und sie gehen weg wie die warmen Semmeln. Schließlich spitzt ja jeder auf den Hauptgewinn. Und sei es nur, um den Widder später zu verkaufen.

Vor der Messe wird das Tier feierlich dreimal um den Altar geführt – so ist's seit 1635 Brauch.

Komm, schöner Mai!

Den Beginn des Wonnemonats markiert quer durchs Land der Maibaum. In den Gemeinden thronen die aufgeputzten Stangen auf dem Dorfplatz, vor dem Wirtshaus – jedenfalls an prominenter Stelle –, und eine ist prächtiger, schöner und länger als die andere. Je höher der Maibaum in den Himmel ragt, desto größer ist das Ansehen der Dorfbewohner, aber auch der Neid der Nachbarn. Und so wird das gute Stück stets streng vor Dieben bewacht.

MAIBAUMAUFSTELLEN

GROSSGMAIN, SALZBURG

Auch in Großgmain wird der Mai nach alter Tradition mit einem prächtigen Baum begrüßt – ein Ritual, das im Salzburger Land schon im späten Mittelalter gelebt wurde. Zu dieser Zeit galt der Maibaum als segenbringend – ein Rest davon hat sich in dem Brauch erhalten, Honoratioren und Herzensdamen einen kleinen Baum vor die Türe zu stellen. Zugleich war der Maibaum Fruchtbarkeitssymbol und Rechtszeichen: Sobald der Maibaum stand, begann die fruchtbare und arbeitsreiche Zeit des bäuerlichen Jahreskreises – und das Betreten der Wiesen und Felder war ab jetzt wieder verboten. Geschlagen wird der Maibaum traditionell in der Nacht vor dem 1. Mai – der sogenannten Unruhnacht. In ihr treiben Geister ihr Unwesen, um übermütig den Frühling zu begrüßen.

Wissenswert: Zu den Maibaumbräuchen gehören das Aufstellen, der Tanz um den Baum, Wettspiele und das Stehlen der prächtigen Stange.

Hoch oben schmücken den Maibaum Kränze mit Brezen und rot-weißen Bändern. Eine Reisiggirlande umwickelt den Stamm vom Wipfel hinunter bis zum höchsten Kranz.

Links: Baum fällt! Am 1. Mai kurz nach Sonnenaufgang wird die prachtvollste Fichte aus dem Wald geschafft, entrindet und geschmückt (oben). Der herrlich anheimelnde Duft frischen Harzes, der dabei in der Luft liegt, kann hier leider nur unzureichend wiedergegeben werden. Rechts: Der Stamm wird auf das Festgelände gerollt.

In Großgmain wird der Maibaum noch per Hand mit Schwalbeln – meterlangen Stangenpaaren, zwischen die ein Seil gespannt ist – aufgestellt und fest im Boden verankert.

So hoch ist der Maibaum, dass er beinahe die Wolken berührt. Eine Einladung zur Mutprobe und ein uraltes Zeichen: Jetzt – symbolisiert er – beginnt die fruchtbare Zeit des Jahres.

Der Höhepunkt des Tages ist das Maibaumkraxeln. Mut und Muskelschmalz werden mit kleinen Sachpreisen belohnt – oder noch besser: mit einem Kuss des Mädels, dem man insgeheim imponieren wollte.

Kunterbunter Sommer

*In der warmen Jahreszeit geht es im ganzen Land lustig zu.
Die Menschen feiern und genießen die Zeit im Freien.
Jetzt ist die Saison der Feste, der Kirtage und des Theaters.*

SAMSONUMZUG

TAMSWEG, SALZBURG

Welch faszinierendes Schauspiel, wenn der mächtige Samson durch Tamsweg zieht! Sechs Meter hoch ist der Kerl und 105 Kilo schwer. Der hölzerne Riese ruht auf den Schultern eines einzelnen Trägers, flankiert von vier jungen Männern, die ihn beim Navigieren unterstützen und ihm beim Tänzchen helfen, das er vor jedem Gasthaus vollführt. Im inneralpinen Raum gibt es zwölf Samsonfiguren, zehn im Lungau und zwei in der Steiermark – die der Tamsweger ist aber die höchste und prächtigste und mit ihren 292 Jahren auch die älteste. Der Tamsweger Samson und seine zwei Zwergbegleiter mit den riesigen Köpfen sind ein Überbleibsel einstiger großer Fronleichnams-Schauumzüge, bei denen Figuren aus der biblischen Geschichte, aber auch Sagengestalten durch den Ort geführt wurden.

Wissenswert: Die anderen Samsonfiguren „wohnen" in Mariapfarr, Mauterndorf, Muhr, Ramingstein, St. Andrä, St. Margarethen, St. Michael, Unternberg und Wölting sowie in Krakaudorf und Murau.

Alle sechs Jahre findet ein Gipfeltreffen der Großen statt, bei dem die zwölf Samsonfiguren aus dem Lungau und Umgebung durch Tamsweg ziehen. Nächster Pflichttermin ist 2020, wenn der Samson sein 300-jähriges Jubiläum begeht.

Vor dem großen Umzug werden die „Zwergerln", die den Samson auf seinem Marsch begleiten, mit Blumengestecken geschmückt, die von den Frauen des Ortes gebunden wurden.

Die Mitträger fixieren die Riesengestalt an den Hüften des Samsonträgers. Dessen einziger Schutz gegen den übermächtigen Druck ist eine Pferdedecke.

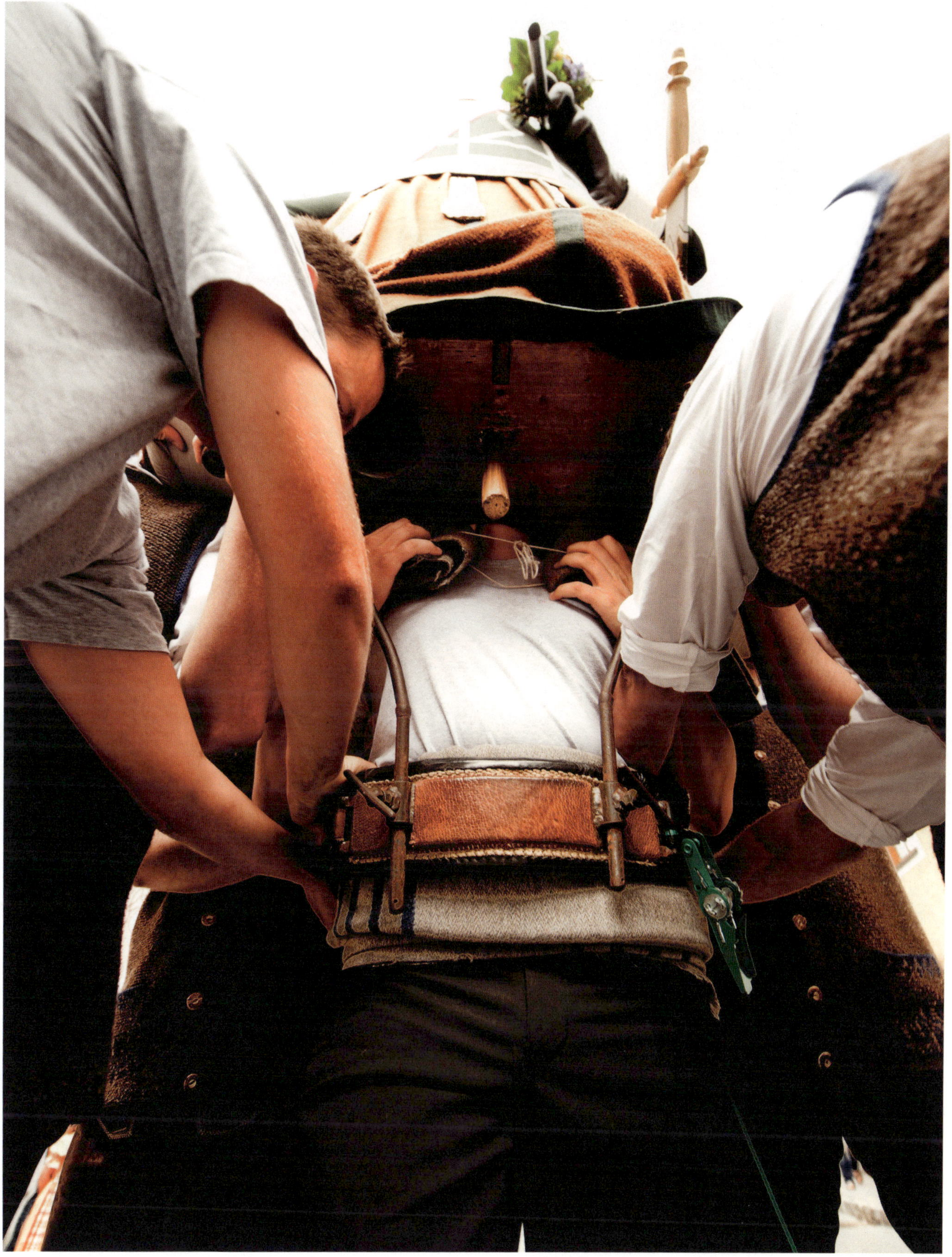

Der Tamsweger Samson ist der imposanteste der Lungauer Riesen.

Schau der Superlative: Ehe die zwölf Samsonfiguren des Lungaus und der angrenzenden Steiermark zum Hauptplatz ziehen, kommen sie auf der Sportwiese in Tamsweg zusammen und lassen dort die Muskeln spielen.

Tanzgruppen und Musikkapellen sorgen für beste Stimmung auf dem Hauptplatz von Tamsweg. Die Zwergerln, die den Riesen umtanzen, sind quasi die Partymacher.

Nach einem zwei Kilometer langen Marsch und etlichen Walzerschritten ist der „alte Herr" froh, wenn er im kühlen Heimatmuseum verschnaufen darf.

INRI

FRANKENBURGER WÜRFELSPIEL

FRANKENBURG AM HAUSRUCK, OBERÖSTERREICH

An jenem Abend anno 1625 kamen sie nicht mehr heim zu Frau und Kind, die Bauernrebellen von Frankenburg. Mit Würfel und Becher wurde vor hunderten Zeugen über ihren Kopf entschieden. Dieses Gottesurteils gedenken die Nachfahren im oberösterreichischen Hausruck alle zwei Jahre mit einer einzigartigen Theateraufführung. Fünfhundert Laiendarsteller bringen dann jene Geschehnisse auf die größte Naturbühne Europas, die Auslöser der oberösterreichischen Bauernkriege waren.

Wissenswert: Die nächsten Aufführungen finden im Sommer 2019 statt.

Die legendäre Würfelszene,
einen Steinwurf vom Originalschauplatz,
dem Haushamerfeld, entfernt.

Die Frankenburger proben
unter der Henkerslinde.

Jene Elfenbeinwürfel, mit denen vermutlich um Leben und Tod gespielt wurde, sind im örtlichen Museum zu begutachten.

Ein Würfelspiel-Fan hat ein Mini-Diorama von den Szenen auf dem Haushamerfeld geschaffen.

Der harte Kern der Darsteller nimmt sich einen Tag frei, um eine 50-Minuten-Version des Stücks (regulär dauert es 1¾ Stunden) im Turnsaal vor den rund 70 Kindern der drei dritten Volksschulklassen in Frankenburg zum Besten zu geben.

Das Abendlicht verleiht der Szenerie auf einer Anhöhe über Frankenburg einen Hauch von Dramatik und Mystik.

FLÖSSERTAGE

OBERDRAUBURG, KÄRNTEN

Jährlich im August erwacht auf der oberen Drau die alte Tradition der Flößerei für drei Tage zum Leben, genau wie früher. Dieses „früher" reicht zurück bis 1209 – das Jahr mit dem ersten urkundlich gesicherten Nachweis eines Güterverkehrs auf der Drau – und endet Anfang der 1950er. Bis dahin begleiteten die Flößer in ihrer typischen Tracht mit weiten, zugespitzten Hüten, Westen und knielangen Hosen das Rundholz auf dessen Weg den Fluss hinab, um sicherzugehen, dass die Fuhre ihr Ziel auch erreicht. Seit 1990 besteht nun der Verein der Oberdrautaler Flößer. Und seit damals trifft man sich einmal im Jahr, um die Tradition zu pflegen. Während einige Gäste bei den Flößertagen mitfahren dürfen, stehen auf den Draubrücken Schaulustige. Die werfen, das hat sich über die Jahre eingebürgert, den Flößern kleine bunte Sträußchen aus Wiesenblumen zu, die sich die Flößer nach der Landung an den Hut stecken. So geschmückt geht's dann zu den jeweiligen Festen, die bei jedem Zwischenstopp und am Ende jeder Etappe organisiert werden.

Wissenswert: Die Oberdrautaler Flößertage
finden jährlich an einem Wochenende im August statt.
Die rund 50 Kilometer lange Strecke führt von
Oberdrauburg bis nach Spittal.

Schwerstarbeit in der Drau. Vier mal zwölf Meter misst ein Floß, wenn es schließlich fertig ist. Als Arbeitsplatz dienen Stellen, an denen der Fluss möglichst träge dahinfließt.

Ein Stiefel voller Wasser ist oft nicht zu vermeiden. Aber es soll nichts Schlimmeres passieren.

Um ein Floß originalgetreu herzustellen, braucht es sieben Mann und bis zu sieben Stunden. Die Stämme müssen natürlich vorbereitet werden. Quasi als Taue werden Wieden verwendet, also gegen die Faser gedrehte Haselnuss-stecken. Ans Ruder kommen nur Profis wie der Obmann der Oberdrautaler Flößer.

Das Draufloß zu steuern ist keine einfache Sache. Es hat vorn zwei Ruder und hinten eines. Das ist heute noch genau wie anno dazumal, nur dass heute bei den Flößertagen auch Gäste mitfahren dürfen.

PREBERSCHIESSEN

PREBERSEE, SALZBURG

Hier trifft nur, wer danebenschießt. Seit 1834 pflegen die Menschen am Lungauer Prebersee einen Brauch, der Physikern bis heute Rätsel aufgibt. Denn hier wird auf Zielscheiben in 120 Meter Entfernung am gegenüberliegenden Ufer geschossen – allerdings nicht direkt, sondern übers Spiegelbild im Wasser. Gut 150 Schützen kommen Jahr für Jahr am östlichen Ende des Lungaus, nordöstlich von Tamsweg, zusammen, um die Kugel aus ihrem Kleinkalibergewehr so auf der Wasseroberfläche abprallen zu lassen, dass sie auf der Scheibe am Ufer ins Schwarze trifft. Wie das geht? Das Seewasser zeichnet sich durch ein physikalisches Phänomen aus, das im frühen 19. Jahrhundert zufällig bei einer Entenjagd entdeckt wurde: Gewehrkugeln, die auf die Wasseroberfläche treffen, werden von dieser wieder hinaufgeschleudert. Es ist nicht eine aus irgendwelchen Gründen besonders starke Oberflächenspannung, die die Geschosse abprallen lässt. Die Kugeln schlagen vielmehr eine drei bis fünf Zentimeter tiefe Mulde ins Wasser, bevor sie als Querschläger wieder herauskommen. Das Rätsel zu entschlüsseln versuchten schon viele, gelungen ist es bis heute nicht.

Wissenswert: Das Große Preberschießen findet jährlich am letzten Augustwochenende statt.

Bis vor einigen Jahren wurde noch mit Tiroler Scheibenstutzen geschossen.

ANSCHÜTZ

Am Prebersee wird auf Zielscheiben am gegenüberliegenden Ufer geschossen – allerdings nicht direkt, sondern über deren Spiegelbild im Wasser.

Im Zielhaus hinter den Schießscheiben werden die Einschüsse geprüft. Kinder zeigen die Ergebnisse mit roten Löffeln an.

Meisterschützen nach getaner Arbeit.

Am Ufer gegenüber, in 120 Meter Entfernung, sollen die Schützen die Mitte einer Scheibe von 22,5 Zentimeter Durchmesser treffen, deren Mittelpunkt sich etwa 90 Zentimeter oberhalb der Wasseroberfläche befindet.

SCHWAIGEN-REIGEN

WECHSELLAND, NIEDERÖSTERREICH

Einmal im Jahr, am ersten Samstag nach dem Almauftrieb auf die Hochwechselalm, ziehen hunderte Musikanten am Wechsel singend und spielend zu den Schwaigen – so heißen hier die Almen – zwischen Aspang und St. Lorenzen, Feistritz und Mönichkirchen. Hier oben, wo die Steiermark an Niederösterreich grenzt, spielen sie mit Zither und Hackbrett, Geige und Knöpferlharmonika die alten Lieder und Gstanzln ihrer Region. Mit den Musikanten machen sich auch tausende Wanderer auf den Weg zur Mönichwalder und zur Vorauer Schwaig, zur Herrgottschnitzerhütte, zum Wetterkoglerhaus und zu den zwölf anderen Hütten, in denen von frühmorgens bis spätabends gesungen, gespielt und getanzt wird. Ins Leben gerufen wurde der eher junge Brauch von der Kunsthistorikerin Erika Sieder, die für ein Buchprojekt die Volkskultur am Wechsel systematisch erforschte. Sie organisierte im Jahr 2007 den ersten Schwaigen-Reigen. Seither werden Jahr für Jahr all die Kulturschätze, die sie bei ihrer Arbeit entdeckte, gesungen, getanzt, gelebt.

Wissenswert: Alle Schwaigen sind zu Fuß erreichbar. Wer seine Kräfte fürs Tanzen aufheben will, kommt mit dem Bus oder per Kutsche.

Das Trio Wöll da Wås aus der Buckligen Welt hat es sich auf einem Zaun gemütlich gemacht und spielt auf.

Musik von Putz & Stingl bei der Kranichberger Schwaig, links (mit Hut) ist Schwaigen-Reigen-Veranstalterin Erika Sieder zu sehen, im Hintergrund blitzt der Schneeberg hervor.

In der Kaltwiesenhütte wird mit der Steirischen und der Waschrumpel aufgespielt.

Mit Blick in Richtung Feistritzer Schwaig wird das Alphorn geblasen. Von hier sieht man hinein in die Bucklige Welt bis zur Wallfahrtskirche Maria Schnee.

Während sich D' Unterdörfler für ihren Auftritt fertig machen, wird die Brettljause vorbereitet.

Ein reich verzierter Kontrabass.

Vom Heimkehren und Dankbarsein

Wenn es langsam Herbst wird, ist es Zeit, die Almen zu verlassen und nach Hause zu kommen. Es ist die Zeit der Dankbarkeit für einen guten Sommer.

ALMABTRIEB

KÖFLACH, STEIERMARK

Wenn die jungen Lipizzanerhengste von ihrer Sommerfrische auf der Stubalm zurück ins Tal kommen, herrscht Volksfeststimmung rund um das Bundesgestüt Piber bei Köflach. Drei Sommer ihres Lebens verbringen sie oben auf der Alm – jeweils 100 Tage und Nächte. Sie erwerben dabei unter anderem die nötige Trittsicherheit für ihre spätere Karriere in der Spanischen Hofreitschule. Beim Abtrieb haben die Pferde eine beachtliche Strecke von 16 Kilometern zu bewältigen. Von der Alm aus geht es durch den Wallfahrtsort Maria Lankowitz, wo beim Gasthof Wiendl zur Mittagszeit das offizielle Spektakel für die Zuschauer beginnt: Hier werden die jungen Hengste mit einem kleinen Sträußchen am Halfter geschmückt. Derart fein gemacht geht es den steilen Hang hinunter zur Wallfahrtskirche von Maria Lankowitz. Dort im Innenhof werden die Pferde gesegnet. Weiter führt der Weg nach Köflach, wo bereits die Gestütskapelle Piber den Tross mit einem zünftigen Marsch erwartet. Mit musikalischer Begleitung geht es mitten durch die applaudierende Besucherschar zum Köflacher Rathaus.

Wissenswert: Der Lipizzaner-Almabtrieb mit rund 6.000 Gästen findet jährlich Anfang September statt.

Gegenseitiges Beknabbern und Beschnuppern zeigt, wie eng die Bindung der Tiere nach dem Almsommer untereinander ist. Oder will das Schlitzohr nur den Blumenschmuck verspeisen?

Drei Sommer ihres Lebens verbringen die jungen Lipizzanerhengste auf der steirischen Stubalm. Hier erwerben sie unter anderem die nötige Trittsicherheit für ihre spätere Karriere in der Spanischen Hofreitschule.

16 Kilometer sind es von der Alm zurück aufs Gestüt in Piber. Läuft alles nach Plan, marschieren immer zwei blumengeschmückte Hengste nebeneinander ins Tal.

Im Hof der Wallfahrtskirche Maria Lankowitz werden die Pferde gesegnet. Dann führt der Weg zügigen Schrittes nach Köflach.

In Köflach werden die Lipizzaner von Groß und Klein mit Blasmusik und Blumenschmuck begrüßt. Die Tiere ziehen dann in ihr Winterquartier am Außenhof Wilhelm ein.

SCHAFSCHIED

PITZTAL, TIROL

Der Almabtrieb im Tiroler Pitztal ist eine Herausforderung für Mensch und Tier, denn es ist ein langer Weg von der Taschachalm am Fuß des Gletschers bis nach Arzl, der kleinen Gemeinde am Eingang des Pitztals: In neun Stunden legen die 600 Schafe und ihre Treiber 40 Kilometer und über 1.000 Höhenmeter zurück. Und zur Belohnung wird gefeiert. Auf einer Wiese am Ortsrand von Arzl wartet ein kleines Festzelt, es gibt Bier, Schnitzel, Bratwurst und gute Stimmung.

Wissenswert: Das Wort Schafschied leitet sich von scheiden ab – das heißt, die Schafe werden voneinander getrennt und ihren jeweiligen Besitzern zurückgegeben. Auch im rund elf Kilometer entfernten Tarrenz wird die Schafschied gefeiert. Dieser Almabtrieb mit rund 1.000 Schafen ist der größte der Region.

Wenn die Sonne auf den Gipfeln der Dreitausender entlang des Pitztals ihren grandiosen Auftritt feiert, ist die Herde bereits unterwegs.

Nun heißt es für die Schafe Abschied nehmen von würzigen Kräutern, glasklarer Luft und von der großen Freiheit.

Links: Die Hirten gönnen sich und den Tieren eine Rast.

Seid ihr alle da? Lautes Pfeifen und Rufen begleitet die Herde auf ihrem Weg ins Tal, das hält die Schafe zusammen.

Wenn die Tiere im Tal wieder an ihren jeweiligen Besitzer übergeben werden, heißt es zupacken. Auch Frauen und Kinder helfen mit.

LIACHTBRATLN

BAD ISCHL, OBERÖSTERREICH

Jedes Jahr wird in Bad Ischl im Salzkammergut ein einzigartiges Fest gefeiert, dessen Ursprung im Mittelalter liegt: das Liachtbratln. Es ist ein Fest der Handwerkszünfte, die schon seit jeher für den Erhalt der Ortschaft sorgten. Keine leichte Aufgabe: Jeder Gulden, jeder Kreuzer musste umgedreht werden; gespart wurde daher auch Energie. Der Meister verbot Gesellen und Lehrbuben die Verwendung von teurem künstlichen Licht, also von Kerzen und Öllampen. Und zwar, bis im Herbst die Dämmerung so früh hereinbrach, dass das einfach nicht mehr ging. Der Stichtag, an dem die Arbeit wieder bei Flammenschein aufgenommen wurde, war der erste Montag nach Michaeli (29. September). Als Dankeschön für die Arbeit im Düsteren spendierte der Meister seinem Personal an diesem Tag einen Braten und ein paar Flaschen Wein: Luxusgüter der damaligen Zeit, mit denen er seinen Leuten ein bisschen von dem zurückgab, was sie ihm durch ihre Disziplin erspart hatten. Aus dieser edlen Geste entwickelte sich das heutige Liachtbratln, ein Fest, bei dem der ganze Ort auf den Beinen ist, man Deftiges schmaust und sich über zünftige Musik freut. Aus aller Welt reisen inzwischen Gäste an, um das alte Brauchtum miterleben zu können – den „Bad Ischler Nationalfeiertag“, wie ihn die Heimischen voll Stolz bezeichnen.

Wissenswert: Im Zuge der Liachtbratl-Feierlichkeiten lässt man auch die Bad Ischler Jubilare hochleben. Alle, die einen runden Geburtstag ab 50 Jahre feiern, versammeln sich zum Fototermin im Kurpark und spazieren dann in einem Festzug durch die Stadt, die Älteren fahren in Pferdekutschen. Dabei werden ihnen vom Publikum kleine Präsente überreicht.

Jeden ersten Montag
nach dem 29. September
ist ganz Bad Ischl auf den
Beinen – und steht Spalier
für seine Jubilare.

Am Liachtbratlmontag werden sämtliche Trachten des Salzkammerguts ausgeführt.

Das Liachtbratl war einst ein simpler Braten, den der Meister seiner Belegschaft als Dankeschön fürs Lichtsparen schenkte. Heute wird daran angelehnt Schweinsbraten mit Knödel serviert.

50

Mit dem Alter kommt die Ehre. Zumindest in Bad Ischl ist das noch so. Am Liachtbratlmontag wird den Jubilaren alljährlich feierlich gehuldigt.

Männer – wild, geheimnisvoll und fromm

In den Tagen zwischen goldenem Spätsommer und dunkelgrauem Nebelherbst halten wir öfter einmal inne, ehe später im Jahr das wilde Adventtreiben beginnt. Namhafte Heilige und ihre Feste stehen im Kalender. Und bevor der eisige Winter kommt, werden die Vorratskammern üppig gefüllt.

HUBERTUSMESSE

HINTERSEE, SALZBURG

Im Herbst feiern die Jäger Hubertusmesse. Dieser Brauch ist erst seit der zweiten Hälfte des 20. Jahrhunderts weit verbreitet. Die Feierlichkeiten finden entweder ohne Jagd in großem Rahmen oder in kleinem Kreis unmittelbar vor einer Jagd statt. Der tiefere Sinn der Hubertusfeier wird heute unterschiedlich interpretiert: Er reicht vom jagdlichen Erntedank über das Innehalten vor der göttlichen Schöpfung bis zu einem naturnahen Glaubensbekenntnis. Bis heute sind zahlreiche Kapellen und Bildstöcke dem heiligen Hubertus geweiht. Die Hubertusmesse in Hintersee verläuft besonders stimmungsvoll. Statt Orgelmusik spielen Jagdhornbläser aus Fuschl, zur Kollekte geht ein Jagdhut um, und während der Wandlung werden hinter der Kapelle drei Gewehrschüsse abgefeuert. Nach dem Schlusssegen des Pfarrers löst sich die Festgemeinde langsam auf.

Wissenswert: Hubertus von Lüttich ist der bekannteste Heilige der Jäger. Sein Ehrentag ist alljährlich der 3. November, der in Anlehnung an die vorangehenden Feiertage Allerheiligen und Allerseelen auch scherzhaft „Allerhasen" genannt wird.

Hubertusfeiern finden in ganz Österreich von September bis November statt. Termine erfährt man bei den einzelnen Landesjagdverbänden.

Bei der Hubertusmesse halten die Jäger inne. Für die einen ist es ein jagdlicher Erntedank, für die anderen ein Gedenken daran, sorgsam mit den Geschöpfen der Natur umzugehen.

Jäger tragen den Hubertushirsch auf Schultern zur Waldkapelle. Hier im salzburgerischen Hintersee, umgeben von Wald und Wild, wird der Brauch besonders liebevoll gepflegt.

Der ganze Ort ist auf den Beinen, voran die Blasmusikkapelle. Auch die Dorfjugend darf nicht fehlen.

Bei der Hubertusmesse tragen die Jäger den Bruch – einen kleinen Tannen- oder Fichtenzweig – auf der linken Hutseite. Wird ein Wildtier erlegt, stecken sich die Weidmänner den Zweig als Beutebruch auf die rechte Seite.

Im Hintergrund spielen die Jagdhornbläser, im Vordergrund wird der starke, auf Reisig gebettete Hubertushirsch bestaunt.

Als die kleine Hinterseer Kapelle vor fast dreißig Jahren gebaut wurde, stand sie allein auf einer großen Lichtung. Heute wird sie bereits von ansehnlichem Mischwald umrahmt.

Das Hirschgeweih mit Kreuz darf in einer Hubertuskapelle nicht fehlen.

ABAKUS

PUCH, STEIERMARK

Im oststeirischen Puch wird jedes Jahr ein ganz besonderer Apfelschnaps gebrannt: der Abakus. Gegen Ende des vorigen Jahrhunderts taten sich oststeirische Apfelbauern und Schnapsbrenner zusammen, um diesen erlesenen Tropfen zu kreieren. Seither bilden 15 Apfelmänner, alle aus Puch und den umliegenden Gemeinden, eine Bruderschaft mit dem hehren Ziel, den besten Apfelschnaps der Welt zu erzeugen. Unter strengster Geheimhaltung und exakter Beachtung eines festgeschriebenen Regelwerks wird jährlich aus den besten Äpfeln des Jahrgangs ein Destillat für exakt 1.444 Flaschen hergestellt. 1444 war das Jahr, in dem die Pucher Kirche erstmals urkundlich erwähnt wurde. Danach reift der Abakus mindestens ein Jahr in alten Holzbutten im kühlen „Haus des Apfels".

Wissenswert: Der neue Jahrgang des Abakus wird jedes Jahr im Spätherbst präsentiert. Er ist bei 15 Schnapsbauern entlang der steirischen Apfelstraße in und um Puch bei Weiz erhältlich.

Die Apfelmänner aus Puch bei Weiz vergeistigen die besten Äpfel eines Jahrgangs zu einer hochprozentigen Spezialität. Die in Kutten gewandete Bruderschaft unterwirft sich dabei strengen Regeln und geheimnisvollen Ritualen.

Der Schnaps wird in alten Holzbutten zur Lagerstätte gebracht. Der Rabe ist das Markenzeichen des Abakus. Er findet sich auf dem Hochaltarbild der Pucher Kirche wieder, auf dem er den Heiligen Geist symbolisiert.

Die Pucher Kirche erhebt sich seit 1444 in den oststeirischen Himmel. In die Kirchenmauer werden jedes Jahr drei Flaschen Schnaps eingemauert. Der Apfel ist das Aushängeschild der gesamten Region.

Man rühre den Abakus nicht an, ehe nicht der zwölfte Monat verstrichen sei – so lautet eine Regel der Apfelmänner.

LEONHARDIRITT

AUFHAUSEN, SALZBURG

Zu Leonhardi schwingen sich im kleinen Pinzgauer Ort Aufhausen die Pfarrer in den Sattel, um dem Schutzpatron der Pferde die Ehr' zu erweisen. Üblicherweise finden Leonhardifeste, -ritte und -wallfahrten zu Ehren des heiligen Leonhard von Limoges an seinem Gedenktag, dem 6. November, statt. Doch im Innergebirg muss man mit frühen Wintereinbrüchen rechnen. Daher feiert man hier schon am letzten Oktobersonntag. Reiter- und Brauchtumsgruppen aus dem ganzen Pinzgau kommen am Platz hinter der kleinen Barockkirche St. Leonhard zusammen. Manche hoch zu Ross, andere in Kutschen, und alle haben sich schön herausgeputzt. Mit lautem Peitschenschnalzen sollen böse Geister vertrieben werden, damit sie die festliche Harmonie nicht stören, danach geht's mit klappernden Hufen und fröhlicher Marschmusik Richtung Festplatz, ein weitläufiges Feld oberhalb der Gemeinde. Zur Feldmesse kommen die Pfarrer auf Pferden am Altar an, um die Rösser zu segnen, die sich hier versammelt haben. Höhepunkt des Aufhausener Leonhardifests ist das Kranzlstechen, bei dem Reiter versuchen, den am Kranzlbaum befestigten Kranz mit einem Weidenstock „herunterzustechen".

Ebenfalls empfehlenswert: In St. Leonhard bei Grödig findet der Leonhardiritt der Weihnachtsschützen, Trachtenfrauen und der Kirchengemeinschaft St. Leonhard mit Festmesse am Sonntag nach dem 6. November statt. Im Tiroler Ort Kundl findet am gleichen Tag eine Prozession mit Reitern und Kutsche statt, die aus dem Ort zur Feldmesse bei der St.-Leonhards-Kirche auf der Wiese zieht.

Sicher ist sicher: Beim Schnalzen wird das Ross immer gut festgehalten, der schöne Noriker-Fuchs ist fest im Griff.

Hoch zu Ross geht's zur Feldmesse. Unter dem Priestergewand blitzt die Krachlederne hervor.

Nach der Messe mit Pferdesegnung und einer zünftigen Jause zeigen Rösser und Reiter bei den Reiterspielen, was sie können.

Beim Kranzlstechen versuchen die Reiter, das Kranzl elegant auf einen Stock zu fädeln.

HIATAEINZUG

PERCHTOLDSDORF, NIEDERÖSTERREICH

Auch in Perchtoldsdorf wird am Sonntag nach St. Leonhard ein großes Fest gefeiert. Schließlich ist der Heilige nicht nur Schutzpatron der Pferde, sondern generell für alle bäuerlichen Angelegenheiten zuständig. Nach Abschluss der Weinlese zieht der Winzernachwuchs in einem Festzug durch den kleinen Ort vor den Toren Wiens. Der Brauch geht zurück auf einen Vorfall, der sich im Jahr 1422 zugetragen haben soll. Ein Weinhüter hatte einen Kollegen schwer verwundet vor dessen Hüterhütte in den Weinbergen gefunden und im Haus Elisabethstraße 20 Alarm geschlagen. Der arme Mann, wie alle anderen Weinhüter kurz „Hiata" genannt, sollte während der Reifezeit die Rieden bewachen und war für ein paar Handvoll Trauben brutal überfallen worden. Im Hof in der Elisabethstraße wurde er gesund gepflegt. Bis heute ist das Gehöft Ausgangspunkt des größten Erntedankfests Österreichs. Jedes Jahr wird ein junger Mann dazu berufen, die Hüterpritsche von hier zur Pfarrkirche zu tragen. Abgesehen vom Festtagsmarsch hat dieser Tag noch viel mehr zu bieten: Am Pfarrplatz gibt's Spezialitäten der Region, ein Tanzboden lädt Paare zur Polka.

Wissenswert: Beim Hiataeinzug wird ein besonderer Wein ausgeschenkt – die „Cuvée sacrale", ein Mischwein, den die Hiatabuam in den Tagen vor dem Fest zusammengetragen haben. Sie klopfen an jede Weinhauertür und bitten um ein paar Liter Rebensaft. Sobald genug da ist, werden die Weine zu einem einzigen vermischt. Die Cuvée ist Symbol für das Zusammenstehen und die Gemeinschaft der Perchtoldsdorfer.

Reiter auf bunt geschmückten Pferden führen den Zug zur Kirche an.

Der Pritschntrager auf seinem harten Weg zum Mann: Dabei muss der auserwählte Hiatabua die 80 Kilo schwere Erntekrone einen Kilometer weit bis zur Pfarrkirche tragen.

Geschmückt ist das mächtige Gestell mit vergoldeten Walnüssen und Herbstgaben. Die Nüsse symbolisieren das Leben, das Gold den Reichtum an Früchten.

Am Abend vor dem Hiataeinzug bauen die Hiatabuam für ihren Pritschntrager das gut zwei Meter hohe Gestell aus Holz, Draht und Eichenlaub.

In diesem Köcher muss der Pritschntrager seine Last bis zur Kirche tragen und sie dabei so schwungvoll drehen, dass es aussieht, als würde die Erntekrone zur Blasmusik tanzen. Der Hiatavater wird auf Schultern zu seinem Haus getragen, wo er mittags zum Festessen lädt.

SAUTANZ

PURBACH, BURGENLAND

In Purbach am Neusiedler See hat der Wirt Max Stiegl die alte Tradition des Sautanzes wiederbelebt und verarbeitet das Tier vom Schwanz bis zum Rüssel. Es ist ein uralter Brauch, ein Schlachtfest, wie es in längst vergangenen Zeiten zur kalten Jahreszeit auf fast jedem burgenländischen Hof stattfand. Alljährlich luden hier in der Region Familien Verwandte und Nachbarn zum Sautanz. Damals gab es nicht viele Häuser, in denen nicht zumindest zwei Schweine bis in den Winter durchgefüttert wurden. Und auch wenn das geschäftige Treiben beim Fest den Eindruck erweckt, es herrsche zwangloser Überfluss, so ist der Sautanz in Wahrheit aus dem Mangel geboren: Ein Schwein musste eine Familie ein ganzes Jahr lang mit Energie versorgen. Und nach so einem Schlachttag und dem anschließenden Singen und Tratschen in der Stube sank man mit dem guten Gefühl ins Bett, dass der Familie für absehbare Zeit keine große Not mehr drohen könne.

Wissenswert: Der Sautanz auf Gut Purbach findet jährlich zu Beginn der kalten Jahreszeit, zwischen Ende November und Anfang Dezember, statt.

Noch in der Dunkelheit bereiten Max Stiegl (links) und sein Freund Michael Andert, Bio-Winzer aus dem Seewinkel (rechts), die geschlachtete Sau im Trog für die Verwertung vor.

Frühmorgens wird in den alten pannonischen Gulaschkesseln Wasser aufgekocht. Später garen darin Schwarten, Schwanz, Rüssel, Beuschel und Kesselfleisch. Und nachmittags kommen die frisch gemachten Blunzn in die Suppe.

Max Stiegl schneidet die Sautanzleber.

Mit der alten Wurstspritze wird die Blunzn gefüllt. Unten: die alten Requisiten für den Sautanz – Ketten und kegelförmige Glock'n zum Entborsten, Wurstspritze, Grammelpresse und Sieb.

ANDERT
Pamhogna
weiss

Manche geben etwas Milch zu den Grammeln. Michael Andert verwendet lieber einen Schuss von seinem eigenen Wein.

Es gibt immer etwas zu naschen – wie zum Beispiel das gekochte Herz mit frisch geriebenem Kren. Unten: Am Arbeitstisch wird die Qualität der Sautanzspeisen diskutiert.

Das Christkind und die wilden Geister

Kurz vor dem großen Fest geht es noch ganz schön rund im Land. Und damit ist nicht der Einkaufstrubel vor Weihnachten gemeint. Allerorts sind nun die schaurigsten Gestalten unterwegs. Und in einem kleinen Ort bei Salzburg wird sogar auf das Jesuskind geschossen.

SALZTEUFELLAUF

HALL BEI ADMONT, STEIERMARK

Einmal im Jahr, rund um den Krampustag, halten Luzifer und seine Schergen Hof im Gesäuse und säen Zwietracht. Nur der heilige Nikolaus kann dem Höllenfürsten Einhalt gebieten. Kurz vor 19 Uhr beginnt das offizielle Treiben. Dann ziehen große und kleine Salzteuferln mit ihrer holprigen Grubenscheibtruhe und dem altersschwach ächzenden Salzwagerl los, um ihrem Herrn und Meister Luzifer auf der Bühne im Pausenhof der Volksschule Bericht über ihre Schandtaten zu erstatten. Ein Krampus nach dem anderen liefert dem Höllenfürst Rechenschaft. Johlend, kreischend, schellenschlagend ist die Meute zugange, grölend und grunzend macht sie sich am qualmenden Scheiterhaufen zu schaffen, dass vor allem die kleinen Gäste mit offenen Mündern nur so schauen. 1990 hatte dieses in wunderbar witziger Mundart gereimte Stück aus der Feder der berühmten Heimatdichterin und Rosegger-Preisträgerin Martha Wölger Premiere. Seither ist das Krampusspiel ein fixer Höhepunkt im Advent der Haller Dorfgemeinschaft. Zum Abschluss des höllischen Treibens hält der Nikolo für jedes Kind ein Sackerl mit Nüssen, Obst und Süßem bereit, und die Salzteufel nähern sich bewusst freundlich zum Kramperlschmusen und für Erinnerungsfotos den kleinen und großen Gästen. Ein Stück teuflisch guter Volkskultur.

Wissenswert: Der Salzteufellauf findet in der Regel nur alle zwei Jahre am letzten Samstag vor dem 5. Dezember im Hof der Volksschule von Hall bei Admont statt. Aktuellster Termin: 2. Dezember 2017.

Die prächtigen hölzernen Krampusmasken kommen bei Feuerschein und Rauchschwaden besonders gut zur Geltung.

Grimmige Gesellen – gewissermaßen Wölfe in Schafspelzen – sind die Salzteufel, wenn sie mit viel Getöse einlaufen.

Das Ambiente beim Umziehen im Schuppen passt: Die Ketten sind zwar vom Traktor und die Gerätschaften uraltes Werkzeug, aber beides stünde auch den Teuferln gut zu Gesicht.

Der Nikolo bereitet dem
Spektakel ein Ende.

KLAUBAUF-LAUF

MATREI, OSTTIROL

Hexenmasken, Totenköpfe, Teufelsgesichter: Beim traditionellen Klaubauf-Lauf in Matrei sind ebenso furchterregende wie kunstvolle Fratzen zu sehen. Anfang Dezember streifen hier, in der Heimat des Klaubauf-Brauchs, düstere Gestalten durch die Gassen, ähnlich wie Krampusse, mit zotteligen Schaffellen, hölzernen Masken und Kuhglocken auf dem Rücken – als Begleiter des Nikolaus und sehr zum Schrecken der Dorfbewohner. Die „Kleibeife", wie sie von den Einheimischen genannt werden, sind nämlich alles andere als freundlich. Zwischen 4. und 6. Dezember ziehen allabendlich an die dreihundert solcher Gestalten mit Nikolaus, Engeln, Lotter, Lütterin und dem Spielmann los. Die Engel tragen einen Korb mit allerlei Süßigkeiten, Lotter und Lütterin tanzen und betteln um Geld, die Kleibeife machen einen Höllenlärm. Der Umzug geht von Haus zu Haus, Nikolaus belohnt die braven Kinder, während die Kleibeife den schlimmen Angst einjagen. Das große Finale findet am 6. Dezember gegen Mitternacht statt, wenn sich die Kleibeife zum gemeinsamen Ausläuten auf dem Rauterplatz, mitten im Dorf, treffen. Der uralte Brauch geht übrigens auf das germanisch-heidnische Sagenthema „Wilde Jagd" zurück, bei dem eine Totenschar beschrieben wird, die biertrinkend umherzieht, kämpft und Wild erbeutet. Die Bezeichnung „Klaubauf" leitet sich vom Aufsammeln schlimmer Kinder ab, könnte aber auch ein veraltetes Synonym für Läufer oder Tänzer sein, wie Brauchtumsforscher vermuten.

Wissenswert: In ganz Osttirol ziehen ab dem 3. Dezember Nikolaus und Klaubaufe um.

Hexenmasken, Totenköpfe, Teufelsgesichter:
In Matrei in Osttirol sind Generationen
von Klaubaufgehern mit so furchterregenden
wie kunstvollen Fratzen unterwegs.

Franz Oberschneider ist der Larvenschnitzer von Matrei. Unzählige der handgeschnitzten Masken, die beim Klaubauf-Lauf zu sehen sind, stammen aus seiner Werkstatt. Hier hilft er seinem Sohn Tobias, sich für den großen Auftritt einzukleiden.

Am Anfang steht der Holzklotz: Mit großen Schnitzmessern arbeitet Franz Oberschneider die groben Konturen der Larve heraus. Als Inspiration dienen ihm Filmfiguren, Touristen – „oder ich schau einfach in den Spiegel".

Mit Pinsel und Acrylfarbe gibt Franz Oberschneider den Larven in seiner Werkstatt den letzten Schliff.

120 Masken, Pelze und „Geläut" umfasst die Sammlung des Meisters, die er im Stadl neben seiner Schnitzerei in Matrei aufbewahrt.

AUF DER SCHAB

BAD MITTERNDORF, STEIERMARK

Im steirischen Bad Mitterndorf lassen am 5. Dezember zwölf Männer, gehüllt in Gewänder aus gedroschenem Stroh, die Peitschen knallen. Die sogenannten Schabmänner haben ihren großen Auftritt beim Nikolospiel, einem traditionellen Jedermannspiel, erstmals erwähnt im Jahre 1890. Die Texte sind überliefert, die Masken aus Holz geschnitzt, kunst- und wertvoll. Und wenn sich der Zug mit seinen 95 Figuren – darunter die Krampusse, der Nikolo, der Bettelmann, die Mesner, der Schimmelreiter, der Nachtwächter, der Engel, der Pfarrer, der Quartiermacher, der Eheteufel und der Tod – ungefähr einen Kilometer außerhalb von Bad Mitterndorf im kleinen Örtchen Krungl in Bewegung setzt, dann schreiten die zwölf Schabmänner voran: breit, schwerfällig und ohrenbetäubend laut. Ihre Gesichter sind kaum zu sehen, in ihren Kitteln aus Stroh und mit ihren beeindruckend langen Hörnern erinnern sie an aufgeplusterte, riesenhafte Fantasievögel. Im Achtertakt schnalzen sie mit ihren Peitschen, zerschneiden gleichsam die Luft. Sie sind, wie es so schön heißt, „auf der Schab". Und machen so den Weg frei für die restlichen Mitwirkenden. Um Punkt 17 Uhr setzt sich der Zug in Bewegung, die Herrschaft der Krampusse beginnt und hört erst mit dem Hornsignal des Nachtwächters auf – des Einzigen, der dem Spuk ein Ende setzen kann.

Wissenswert: In Schladming findet der größte Krampusumzug Österreichs statt. Mit dabei sind 800 Krampusse aus aller Herren Länder. Bei dieser Veranstaltung werden 8.000 Besucher erwartet.

Die Hörner der Schabmänner sind aus Haselnussstecken und ragen vom Kopf aus noch drei Meter in die Höhe.

Das Roggenstroh, aus dem die Gewänder der Schabmänner gefertigt werden, wird bereits Anfang August geschnitten, denn da hat es die richtige Länge und eine schöne goldgelbe Farbe.

Die Peitschen, mit denen die Schabmänner später beim Nikolausspiel schnalzen, sind normale Fuhrmannspeitschen und die geschnitzten Stecken (links) aus Zürgelholz, das zwischen Venedig und Verona wächst. Der Umgang damit will geübt sein.

Das Anziehen der Kostüme ist schwierig, allein kaum zu schaffen.

Zwischen den Auftritten stärken sich die
Schabmänner mit einem Schluck Schnaps.

Wenn der Umzug vorbei ist, ist auch die Herrschaft der Krampusse zu Ende.

Schabmann Bernd Schrottshammer in seiner Montur. „Besonders arg wird's", sagt er, „wenn es regnet oder schneit und das Stroh sich vollsaugt. Dann hat das Kostüm 40 Kilo."

WILDE JAGD

UNTERSBERG, SALZBURG

Zwölf müssen es sein, nicht elf und niemals dreizehn: die Perchtgestalten, die zur Mitte der Raunächte, immer am zweiten Donnerstag im Advent, alljährlich auf die Wilde Jagd gehen. Von Hof zu Hof hastet der Tod voran, er schlägt mit einem Oberschenkelknochen die Trommel. Elf wüste Gestalten folgen ihm, jagen im Mondschein über den Schnee, scheuchen mit scheppernden Schellen die bösen Geister auf und erwischen dabei gelegentlich auch manch sterbliche Seele, die sich, neugierig, allzu sehr in die Nähe gewagt hat. Die Route der zwölf Sagengestalten ist nicht willkürlich, aber streng gehütet und geht immer von einem Ackersmann zum anderen. Denn Haus, Hof und Feldern gilt es nach altem Brauch im neuen Jahr Glück und Fruchtbarkeit zu bringen und das Unglück rechtzeitig vor Beginn des nächsten Jahreskreises zu vertreiben. Ein dichtes Netz von Sagen, Mythen und vorchristlichen Bräuchen spinnt sich um diese Wilde Jagd und ihre Gestalten. Wotan, Hauptgott der nordischen Mythologie, soll einst Anführer des „Wilden Gjoad" gewesen sein. Je nach Quelle waren die Jäger selbst jene Untoten, die zur Mitte der Raunächte, also zum Jahreswechsel, aus dem Geisterreich entwichen und die Welt der Sterblichen heimsuchten. Haus- und Hoftüren musste man vor ihnen verriegeln und verrammeln und durfte keinesfalls neugierige Blicke riskieren. In anderer Tradition, wie sie im Untersberger Flachgau überliefert ist, jagt das gutgesinnte wilde Dutzend ebenjene bösen Geister über Feld und Flur und vertreibt sie dorthin zurück, woher sie entwichen sind.

Wissenswert: Die Wilde Jagd findet jährlich auf einer anderen Route um den Untersberg statt, die nur Eingeweihte kennen. Sie ist nicht als Publikumsveranstaltung angelegt.

Gestalten zum Fürchten gehen
jährlich zur Mitte der Rau-
nächte auf die Wilde Jagd.

Man sagt hinter vorgehaltener Hand, dass sich die Gesichtszüge der Masken mit der Zeit in die Gesichter ihrer Darsteller prägen. Aber wer weiß das schon, denn wer in den Masken steckt, ist ein Geheimnis.

Oben tanzen Hexe, Bärentreiber, Rabe, Baumwercher und Eber (von links nach rechts) im Fackel- und Mondenschein.

Vorpercht und Rabe bei der Reverenz an die Hausleut'. Die Rollen werden oft auf Jahre von denselben Personen gespielt. Für jede Figur gibt es aber natürlich einen ebenso versierten Ersatzmann.

CHRISTKINDLSCHIESSEN

GROSSGMAIN, SALZBURG

In Großgmain und rund um den Untersberg begrüßt man das Christkind auf ganz besondere Art: Die traditionsreichen Großgmainer Weihnachtsschützen „schießen es an". Es ist ein Salut zur Begrüßung des Heilands am Nachmittag des Heiligen Abends. Damit der Salut aber des Königs der Könige würdig ist, muss man ihn richtig gut hören. Die eine Hälfte der Schützen nimmt beim Gänshäusl Aufstellung, einem auf einer Anhöhe liegenden Bauernhof. Der andere Teil schießt von der Ruine der Plainburg auf dem Plainberg. Punkt drei Uhr heißt es: „Fertig, Feuer frei!" Im nächsten Moment kracht die erste Salve, gefolgt von einem Lauffeuer – einer Abfolge von zwanzig Einzelschüssen im genauen Takt weniger Sekunden. Von Ferne gesellen sich die Salven der Böllerschützen aus der Umgebung dazu. Und auch die Berge erheben ihre Stimmen: Grollend rollt das Echo der Schüsse die Felswände entlang. Seit neunzig Jahren gibt es die Großgmainer Schützen schon. Aber der Brauch, das Christkind auf so lautstarke Art willkommen zu heißen, ist viel älter. Wie alt, kann keiner genau sagen. Manche meinen, das Schießen gehe auf ein heidnisches Lärmbrauchtum zurück, das die düsteren Wintergeister vertreiben sollte. Andere sagen, der weihnachtliche Brauch habe sich aus dem „Zuawaschiaßn" entwickelt, das Tradition war, als die Menschen in der Region auf entlegenen Bauernhöfen lebten. Als Zeichen für die anderen gaben sie einen Schuss ab, wenn sie zur Christmette aufbrachen. Danach ging es weiter zum nächsten Anwesen, wo wieder geschossen wurde. So zog man gemeinsam talwärts zur Mitternachtsmesse in die Pfarrkirche.

Wissenswert: Christkindl-Anschießen am 24. Dezember um 15 Uhr auf der Plainburg und beim Gänshäusl.

Lauffeuer im Burginnenhof
der Ruine Plainburg.

Großgmainer Weihnachtsschützen im äußeren Burghof der Plainburg haben gerade das Kommando „Lauffeuer!“ bekommen. Nur noch wenige Sekunden, dann feuern auch die Schützen im Vordergrund ihre Böller ab.

Ein Schütze „verdämmt" gerade den Böller mit einem Holzstöpsel. Je härter der ist, „umso mehr tuscht's". Unten: „Schusskiste" mit Böller, Holzhammer und den feinsäuberlich aufgereihten „Rehrln" – Einzelladungen zu je 30 Gramm Schwarzpulver.

Der sieben Kilo schwere Böller der Großgmainer Weihnachtsschützen, gefertigt aus „nussernem" Holz und Nirostastahl, wie er seit nunmehr 30 Jahren verwendet wird: mit geschnitztem Eichenblatt und 20-Millimeter-Bohrung.

Jetzt geht's heimwärts. Nach einem Schnapserl stapfen die Großgmainer Weihnachtsschützen durch den tief verschneiten Wald zurück in ihre warmen Stuben.

Dieses Buch entstand mit Unterstützung von:

Tristan Berger, Robert Buchacher, Michaela Ernst, Sigrit Fleisz,
René Freund, Paul Herberstein, Ines Hofbaur, Claudio Honsal,
Klaus Kamolz, Uschi Korda, Alex Lisetz, Tobias Micke,
Andreas Oberndorfer, Florian Obkircher, Eva Schlegl,
Achim Schneyder, Johannes Stühlinger, Tanja Warter

1. Auflage

Gesetzt aus der Hoefler und der Whitney.

Medieninhaber, Verleger und Herausgeber:
Red Bull Media House GmbH
Oberst-Lepperdinger-Straße 11–15
5071 Wals bei Salzburg, Österreich

Gestaltung und Satz: Joe P. Wannerer – BoutiqueBrutal.com
Fotos: Anzenberger, Kerstin Andres, Dieter Brasch, Daniel Gebhart de Koekkoek, Harald Eisenberger, Heidi Fröhlich, Philipp Horak, Stefan Knittel, Magdalena Lepka, Robert Maybach, Peter Podpera, Philip Platzer, Reidinger Michael, Erich Reismann, Marco Rossi, Mirco Taliercio, Roland Vorlaufer, Jork Weismann, Christine Wurnig

MIX
Papier aus verantwortungsvollen Quellen
FSC® C020353

Printed in Europe

ISBN 978-3-7104-0152-7